JN441189

오늘도 걷는다
감사의 길

최석산 시집

교음사

序

2026년 새해 아침

동해바다 지평선에 희망찬 아침 햇살이
2026년 병오년(丙午年)을 밝혀주며
힘차게 솟아 오른다!

한반도의 평화통일 국제 정세 즉시 아래
남북한 정상이며 이념대결 이제는 종식하고
정직한 정치 사회 교육 윤리 도덕으로
진리가 살아나며

시냇물이 흘러서 바다를 덮음같이
성서의 물결이 아름다운 한반도 위에
온전히 덮여서 평화통일 이룩하고
선진대국으로 높이 서리

깨끗하고 아름답게 무궁화꽃 피워가며
영원한 자유민주주의 대한민국으로
세계 속에 우뚝 솟아 빛나게 하소서
빛나게 하소서!

2026. 1. 雲谷 崔錫山

| 오늘도 걷는다 감사의 길 |

· 차례

· 序

1부

2부

3부

4부

1부

하나님의 천혜

하나님이 태초에 천지 창조하실 때
지구상의 공기 물 햇볕을 주시며
모든 동식물이 살아가게 하심은
하나님의 천혜요, 은공이로소이다

자연은 태초에 그대로를 일컫는데
자연을 훼손함은 인간이 자기 무덤을 스스로 판 꼴
우리가 더 늙기 전에 자연보호 적극 노력하여
나무 심기 가꾸기 등 보호 관찰하여 유지합시다

나의 인생을 찬미

내 인생을 자축 찬미(自祝讚美)하고 싶다
하나님께서 천지창조 하신 후에
45억만 년이 지나면서
억만창생(億萬蒼生)이
생몰(生沒) 하였지만

현존하고 있는 나는
전무후무한 유일한 존재이니
어찌 내 인생을 자축 찬미하지 않으리오
육신은 죽어 없어져도
나의 혼(魂)은 영생하기를 희구하며
하나님 우리 주님께 경배합니다

새해에도 감사하는 마음으로 살자!

즐거움과 행복은 언제나 함께하듯이
감사하는 마음은 누구에게나 함께한다
감정이 풍부하면 나보다 남을 위해서
배려하는 마음이 당신을 먼저 생각한다

감사의 마음이 작은 일에도 큰 효과를 가져오고
원망과 불평은 당신을 증오하며 멀리한다
사람은 누구든지 인정받기를 원하지만
감사하는 마음이 없으면 인정은 떠나간다

우리 모두가 자연과 같이 순리에 따라
범사에 감사함으로 서로가 인정받고
사랑 속에서 감사함으로 살아갈 때
모두가 중요로운 삶을 살게 된다

자기 성찰(省察)

태초에 하나님은 사람을 자기 형상대로 하심이여
인간들에게 복을 주시며 행복하게 살라 하시네
이에서 인생은 자기 성찰을 해야만 할 것이요
자기 성찰이 없으면 삶의 가치가 없을 것이라
우리 모두 삶의 가치를 바로잡고 나갑시다
언제나 즐거운 마음으로 행복하게 살아갑시다

노년 인생 깜박깜박

너도나도 이제는 노년 인생길이로다
자기 기능 자랑 말고 집에서나 할 것이니
자기 모습 한탄 말고 너그럽게 생각하소
모든 것이 한계로다 노년 생각 접으소서

안경을 쓰고 안경을 찾아 헤매고
볼펜을 들고 볼펜을 찾아 두리번거리니
내 정신이 깜박깜박 노년 인생 된 듯하네
어느덧 노년 인생의 자괴(自愧)감이 드네

인생 삶의 도리

기분 좋은 웃음은
집안을 환하게 비추는 햇빛과 같고
햇빛처럼 화사한 미소는
집안을 들여다보는 천사와 같다

꽃다운 얼굴은 한철에 불과 하나
꽃다운 마음은 평생을 지켜준다

장미꽃 백 송이는 일주일이면 시들지만
마음꽃 한 송이는 백 년의 향기를 풍긴다

건강할 때는 사랑과 행복만 보이고
허약할 때는 걱정과 슬픔만 보인다

혼자 걷는 길에는 예쁜 그리움이 있고
둘이 걷는 길에는 어여쁜 사랑이 있고
셋이 걷는 길에는 따뜻한 우정이 있고
우리가 함께 걷는 길에는 손잡는 힘이 있다

걷기운동 한 시간

일 년은 365일 매일같이 걸어야지
한강변 둘레길은 국민건강 길이요
심신을 단련함은 심성이 맑아진다
천지 만물 창조하신 천주님께 감사하다

우리 생활 속 걷기운동 한 시간씩
서로가 즐기면서 기뻐하고 감사하니
한 걸음 한 걸음씩 한강변을 누리네요
믿음 소망 사랑으로 우리 함께 나갑시다

그 옛날 물동이 물맛은 머리로 길어다 먹었는데
오늘날 물맛은 수도꼭지 물맛으로 되었어라
세상사 모든 것이 편리만 한데 불평함이 웬말인가
오늘날의 편리함을 창조하신 하나님께 감사하라

두물머리

북한강과 남한강의 두물이 서로 만나 합쳐지니
두물머리 되었어라
서로가 마다않고 모두가 반겨주고 안겨주니
사계절의 변화 모습 오천 년의 지난 세월 느티나무
어우러져 풍월객의 쉼터 되네

아침에 피어나는 물안개 속 일출 광경 장관을 이루며
석양의 황포 돛대는 누구를 기다리는고

너도나도 찾아들면 반겨주고 어우러져 관망하니
모두는 가슴 깊이 울먹이며 평화통일 바라본다

황혼(黃昏)의 우정(友情)

사람이 태어나면 인생의 철길을 달린다
청춘의 우정은 아름답게 달리다가
황혼의 우정은 아름답다고 할 수 없음이라
우리는 황혼길을 아름답다 하여라

동녘 하늘 붉게 물들이는 노을 진 태양이라
우리 가슴 깊이 품고만 싶은데
황혼의 인생길이 붉게 타올라야지
황혼까지 타올라 동행하는 우정의 길이여라

우리 황혼의 하루하루가 지루할쏘냐
산야에 아름답게 피어 있는 꽃향기처럼
노년에도 알차고 복된 날들이 되어서
우리네 인생 황혼길 속에도 우정의 꽃을 피워라

인생의 마감

인생이란 흘러만 가는 물결인데
온갖 것 이루려고 욕심이 앞을 가렸나
이것저것 두루 살펴 지나간 인생은
슬픔과 기쁨도 질투와 욕망도 이제는 그만
버거웠던 짐들 훌훌 벗어 버리고
육신을 떠나는 영혼은 자유로워라

세월의 끝자락을 마감하는 모습은
눈물이 앞을 가리니 눈을 감지 못하네
세상일 두루 살펴 모두 다 보았으니
그 욕심 접어두고 서로가 나눔 가져 마감하며
한 많은 이 세상을 이제는 안녕히 떨치고
저 높은 영의 세상 바라보며 편안히 마감하네

노년의 세월을 보내면서

오늘도 희생을 미덕으로 알고 살아온 세월
잘살았던 것인지 못살았던 것인지
지금까지도 알 수 없지만 후회는 하지 않는다

다 자란 새들이 둥지를 떠나듯이
내 곁을 모두는 떠나고 나 홀로 빈 둥지에 남아서
허허로운 창공의 하늘만 바라본다

뭉게구름 사이로 그리운 얼굴들이 반갑게 보인다
덧없이 지내온 세월만은 아쉬움이 있는데
지금도 어떻게 사는 것이 참된 것인지 알고만 싶다

세월의 허공

세월의 무상함이여!
인생은 어디로부터 오며
죽어서는 어디로 가는가!

바람 따라 구름 따라
흔적도 없이 가버린 세월
역사 속으로 사라지는가!

몰랐던 추억들은
아름답고 정겨운 발자취로
그리움만 더해가는구나!

어느덧 늘어만 가는 흰머리
이마에도 현명한 주름살
그래도 마음은 청춘이어라!

이제 남은 세월은
부질없는 탐욕을 버리고
마음 비워 가슴을 보이리라!

계절 따라 가는 세월

오늘도 아닐 듯이 견디고 지내온 폭염 속에
태풍의 세력은 해를 거듭 엄습하며
수해를 당하는 주민들은 허탈감에 잠기고
우리는 다 같이 지치고 힘든 여름을 견디었네

이제는 풍요로운 결실의 계절 가을이어라
높고 푸르름의 하늘과 조석으로 신선한 바람
너도나도 좋은 듯이 마음껏 맞으면서
안식을 찾는 듯이 평온함을 그리워한다

지구촌 온 세상에 함께 하는 인류들이여!
너도나도 할 것 없이 회개하며 변신하여
하늘의 부르심에 우리 모두 달려가서
주님 뜻에 부합되어 사랑하며 살아가세

2부

이 가을에

이 가을에
서로가 사랑으로 익어
풍성한 열매가 맺을 수 있도록
사랑하고 싶습니다

이 가을에
높고 높은 하늘처럼
넓고 넓은 바다처럼
서로의 사랑이 채워지도록 하고 싶습니다

이 가을에
우리 서로 사랑으로 채워져서
하늘을 바라보는 결실의 가을 풍경처럼
사랑의 길이 영원하도록 협찬의 세상을 살고 싶습니다

이 가을에
이와 같은 사랑으로
나의 가슴과 너의 가슴에
우리 모두의 가슴에 열매 맺기를 바라본다

계곡 속 물안개

계곡에서 피어나는 물안개
끊임없이 하늘 위로 피어가며 사라진다
누구를 위해서 그렇게도 피어나는지
메마른 공기 속에 사랑을 보내며
온갖 생물들의 에너지가 되나 보다

나무들의 가지 사이사이로
새파란 하늘 보이도다
눈 부신 햇살은 길게도 비치니
무릉계곡이 따로 없어라
계곡물 맑은 물에 발을 담근다

누구나 다 시원함을 느낀다
보이는 산에 빛이 되어 바람을 일으킨다
무릉도원이 따로 없다 마음을 달래며
마음속에 아쉬움도 이제는 그친 듯이
신비한 자연 속에 깊이 잠들어 간다

메주

콩을 푹 삶아서 짓찧어 사각 메주에 넣어서
모양을 만들거나 둥글게도 만들어서
볏짚으로 묶어서 높은 데다 달아 말린다

메주는 반드시 볏짚으로 묶어서
건조 식혀야만 한다네요!
그 이유인즉 고초균이 메주의
발효 숙성을 촉매하기 때문이라
메주와 볏짚은 필요 불가결한 사이라
동물들의 자웅 같은 것이다

호박꽃

호박꽃도 꽃이냐고 하대받고 있지만
줄기 인생 뻗어가며 노란꽃 피우면
통통벌 찾아와서 통문케 하니
결실된 앳된 호박 곱게 자라면
젊으신 주부들이 먼저 손대고
숨겨졌던 호박은 노티 난다 외면한다

여름에 비바람 모질게 맞아
햇빛에 영양공급 성숙되며
가을날 바쁜 손길 추수되네요
그 옛날 호박은 겨울 양식 보탬인데
지금의 호박국 사라져가지만
그 영양 평가받아 별미로 나타나서
사람마다 보신용으로 전환해 간다

고구마

식용으로 쓰는 전분(黴)의 뿌리 덩이 고구마
육질이 부드럽고 달콤하며
날로 쪄먹거나 구워서 먹는다
식량 사정이 궁핍하였을 때
배고픔을 달래주었던 구황식품이다
간식용 과자 엿 등으로 널리 쓰여 왔다
이는 전 세계에서 널리 식용되는 뿌리 덩이다

여름

따스한 봄은 온 듯했으나
얼핏 본 듯한데 휙 지나갔어라
냉수 먹고 속 차리라!
여름이 성큼 다가왔네
부채와 선풍기는 더위 추방에 열을 내고
여름 반찬에 상추 풋고추 오이 등이
밥상 위에 올라 제철이라고 으쓱으쓱
밥도둑 함께하니 자랑스럽다
한여름 맞이함에 시원함을 그린다

개미

개미는 가장 부지런한 곤충이다
쉴 틈 없이 움직인다
그런데 지구상에는 오천여 종이 살고 있다
그리고 비가 올 듯하면
안전지대로 질서 있게 줄을 지어 이동한다
개미의 궁덩이는 강한 신맛이 나는데
이를 개미산이라고 한다
자기를 보호하는 자체적 방어술이라고 한다

포도송이

포도 한 송이 매는 수십 개의 열매가
닥지닥지 엉겨 붙어 다산을 상징한다
옛 선현들께서는 첫 수확한 포도송이를
며느리에게 먹여 다산(多産)을 기원하였다

요즘은 먹기 편하게 한다고
유전자를 변이하여 씨 없는 포도를 만드니
천지 창조하신 천리(天理)를 배반하는 것이네
자연은 태초의 생긴 그대로이어라

천수 누리

하나님의 천지창조
인명(人命)의 한계는 120세로 정하시고
이를 천수(天壽)라고 하였다
지구상의 인구가 탄생 후
헤아릴 수 없는 많은 인구가 생멸(生滅)했는데
천수를 누린 사람이 얼마나 있었을까
천수를 못 함은 자연생태 생활환경을 오염시킨 탓
인간들이 자기 무덤을 자기가 판 꼴이니 누구를 탓하겠나
아무리 환경 오염 경고해도 듣는 둥 마는 둥 하오니
하나님께서 천벌이라도 내리심이 좋을 것 같다

농부

새벽안개 햇살 속에 참새를 재잘거리며
뒤 도랑 물결도 합창하며 흘러가고 있었지
농부들은 아침 밥상 받기 전에
이슬을 헤치며 논두렁 밭두렁 건너뛰면서
땀 흘리며 정겹게 살았던 농부들!

지금은 옛 모습 어디로 사라지고
컴퓨터 인터넷으로 농사지으니
반딧불도 보이지 않고
농악기에 흥겨운 춤사위는
풍속 따라 밀려난 것인가
허전한 마음 빈 들녘에 서서
농부는 아무런 말이 없다!

장미꽃

장미꽃은 붉은 열정을 쏟아낸다
사랑의 따른 열정이 담겨 있어라
존경과 감사의 마음이 솟구치는 장미꽃

사랑스러운 여인에게 주는 장미꽃
장미꽃 한 송이를 이곳저곳 찾아서 구하며
무언의 사랑을 전하는 장미꽃

장미의 아름다움을 지키기 위해
온몸을 날카로운 가시로 무장했어라
사랑이 짙은 꽃이라 붉은색을 가졌는가

여인들이 나서며 젠체한다면
장미도 아닌 것이 가지만 솟았다고
아름다운 장미를 빗댄 말인데 어깨만 으쓱으쓱

벚꽃나무

길가로 심겨진 벚꽃나무 추운 겨울을 이겨내더니
나들이하는 이들에게 저마다 인사를 하면서

벚꽃아 너는 일어 피기도 전에 먼저 나왔구나
너의 화사함에 아름다움과 향 내음을
먼저 나타내고 싶은 마음이었겠지

꽃내음 향기를 빨리 전하고자
잎사귀보다 먼저 선을 보인 꽃인가 보구나
이제는 바람이 그 고운 자태도 향기로운 꽃내음도
연신 퍼 나르는구나!

지금 거리는 너의 향기로 진동이 되어가고 있구나
너도나도 우리가 사는 세상에 그분의 향기로
아름다운 세상을 꾸며보자!

*벚꽃 꽃말: 동양에서는 부, 번영, 행운, 순결
서양에서는 내면의미, 정신적 아름다움, 교양 등의 의미라고 함.

망종

일 년 이십사절기 중
아홉 번째 절기가 망종이다.
춘궁기(春窮期)) 농촌에서
햇보리와 감자를 수확하며
굶주림을 면할 수 있는 시기이다

꽁보리밥에 열무김치는
춘궁기에 또한 찰떡 궁합이다
오늘날 젊은이들이여
'춘궁기'를 아시는지요
우리 모두는 서로 이해하며
근대화 정신에 매진합시다!

3부

인생의 삼도(三道)

부모님 사랑 속에 열 달 성장 이룩하고
세상의 빛을 받아 탄생의 울음이 터지고
부모 형제 이웃사랑 그 속에서 맞아가며
태어남이 으뜸으로 그 길이 제 일도(一道)로다

태어남이 기적이라 세상 욕심 내게로 오네
빈손으로 나온 인생 욕심일랑 버려야 하지
내 마음 바로잡아 나눔사랑 으뜸인데
내 인생 사람 꽃 피우면 그 길이 제 이도(二道)로다

인생 삶을 서로 즐겨 다툼일랑 생각 말고
후회 없는 인생 속에는 화낼 일도 있겠지만
인생 삶이 거룩함이라 그 길만을 찾아가면서
사랑으로 꽃피우는 인생 그 길이 제 삼도(三道)로다

COFFEE
TEA, Beverage
보호수

흔들림

푸르름이 가득찬 옷을 입은 나뭇가지
무슨 말을 들었기에 오색단풍 입었는가

곧은 마음 변치 않고 단풍잎 자랑하니
풍류객이 모여들어 즐겁게 바라보네

가을바람 선들선들 변치 않고 불어오니
낸들 어찌 흔들림이 없으리오마는

황금물결 뽐냄도 잠시 잠깐이었기에
이제는 옷을 벗고 조용히 흔들림이어라

하루를 사색(思索)해 본다

창문을 열면 바람이 들어오고
마음을 열면 행복이 들어온다
아침엔 따뜻한 웃음으로 문을 열고
낮에는 활기찬 열정으로 일을 하고
저녁엔 편안한 마음으로 마무리한다

어제는 어쩔 수 없는 날이었지만
오늘은 만들어 갈 수 있는 날이고
내일은 꿈과 희망이 있는 날이다
내가 웃어야 내 행운도 함께 오고
나의 표정이 곧 행운의 얼굴이다

믿음은 들이마시는 산소와 같고
신용은 지켜야 하는 약속과 같다
웃음은 일생 먹어야 하는 상비약이고
사랑은 평생 준비하는 비상약이다

웃으면 복이 온다

웃음의 시작은 자기를 낮춤이다
자기를 낮추면 모든 것이 해결된다
그래서 웃는 것이 하하하의 웃음이다

기쁨 속에 좋은 일이 생긴다
행복을 생각하면 기쁨이 된다
그래서 웃는 것이 희희희의 웃음이다

웃음 속에 좋은 일을 생각한다
호감은 매우 뛰어난 이미지가 흐른다
그래서 웃는 것이 호호호의 웃음이다

마음이 허전해서 웃음이 생긴다
비움에서 여유로운 생각이 든다
그래서 웃는 것이 허허허의 웃음이다

이 웃음이 계속되면 걱정이 도망간다
근심하며 걱정되면 웃음으로 없어진다
그래서 웃는 것이 해해해의 웃음이다

열매를 기다리며

이른 아침 안개 속에 농장 가는 길
맑고 시원한 공기가 더욱 좋아라

밭 갈고 뿌린 씨앗 새롭게 움터 나오고
너울너울 잎새마다 웃음꽃 피어나네

불청객 해충들이 어디서 모여 왔는가
근심 걱정 애타는 마음이 나를 울린다

먹구름 속에 소낙비가 지나가면
무지개가 나타나는 들녘에 서

상추 쑥갓 가지 고추 공해 없는 식품들이
우리 가족 우리 이웃 건강으로 지켜주네

가을 하늘 아래서

우리 서로 사랑으로 익어서
풍성한 열매가 맺을 수 있도록
가을 하늘 아래서 익어가고 싶습니다

높고 높은 하늘처럼 푸르름이 트이고
넓고 넓은 바다처럼 수평을 이루고
숭고하고 해맑은 사랑을 하고 싶습니다

너와 나의 사랑으로 가슴속이 꽉 찬
가을 하늘 바라보는 서로의 눈이
아름답게 타오르는 가을 하늘을 본다

인간 세상 아름답게 바라보며
우리 가슴속에 깊이 간직하여
사랑의 열매가 가을 하늘 높이 흐른다

낙엽을 바라보는 마음

낙엽은 자연의 현상 말없이 순리대로 떨어진다
인간들은 자연에 따라 즐기면서 보낸다
세상 속에 만물들을 하나님 창조로 인간이 즐긴다

나뭇잎은 나무껍질 헤치면서 솟아 나온다
한여름에 영양 공급하면서 나이테를 만든다
가을이면 오색단풍 물들이고 힘없이 떨어진다

우리네 인생도 춘하추동 사계절 속에서
세상 고초 모두 다 인내하고 한평생 지내다가
낙엽 같은 자태로 노년 인생 끝에서 운명을 달리한다

정담(情談)

사랑(愛)을 가지고 가는 자는
가는 곳곳마다 친구가 있고

선(善)을 가지고 가는 자는
가는 곳곳마다 외롭지 않고

정의(正義)를 가지고 가는 자는
가는 곳곳마다 함께 하는 자가 있고

진리(眞理)를 가지고 가는 자는
가는 곳곳마다 듣는 사람이 있으며

진실(眞實)함을 가지고 가는 자는
가는 곳곳마다 기쁨이 있고

성실(誠實)함을 가지고 가는 자는
가는 곳곳마다 믿음이 있고

겸손(謙遜)함을 가지고 가는 자는
가는 곳곳마다 화목이 있으며

세상(世上)을 아름답게 살기 위해
서로 사랑하면서 살아가요

날마다 좋은 날 되시고 건강하고 행복한 날 되세요

노년의 인생이란

인생이란 흘러만 가는 세월 속으로 떠내버리고! 추억 속에 잠자듯이 소식 없는 친구들이 그리워진다. 서럽게도 흔들리는 그리움의 너머로 보고 싶은 얼굴도 하나둘씩 사라져만 간다.
잠시도 멈출 수 없는 것만 같이 숨이 막히도록 바쁘게 살아왔는데 어느 사이에 황혼의 빛이 다가온 것이 너무나도 안타까울 뿐이다!
흘러가는 세월에 휘감겨서 오늘도 몸으로 맞부딪치며 살아왔다. 어느덧 벌써 끝이 보이기 시작하니 휘몰아치는 생존의 소용돌이 속을 필사적으로 빠져나왔는데…. 뜨거웠던 열정의 온도를 내려놓는다.
인생이란 지나고 보면 너무나 빠르게 지나가는 한순간이기에 이제 남은 세월을 하루하루 소중히 기쁨으로 살면서 9988234의 끝맺음이 될 수 있도록 마음속으로 기도하며 나갈 뿐이다.

스트레스(stress) 해소 방법

스트레스란 단어는 STRESS를 없이 해주는 단어만 모아서 만든 글자가 아닌가 생각할 수 있다.

S - SPORT 즉 운동을 해야 한다

T - TRAVEL 즉 여행을 하는 것이 좋다

R - RECREATION 휴식을 하고 오락, 여흥을 즐기라는 말이다

E - EATING 맛있는 음식을 실컷 즐겨 먹으라

S - SMILE 웃으라는 것 즐겁게 살라

S - SLEEPING 잠을 잘 자라는 뜻

S - SONG 노래를 하라는 뜻

위에 6~7가지 내용을 실천하며 살면 스트레스(STRESS)는 해소될 수가 있다는 것이다.

참된 친구의 삶

세월 앞에는 그 누구도 예외가 될 수 없고,
장사가 없다.
푸른 잎도 언젠가는 낙엽이 되어 떨어지고
예쁜 꽃도 언젠가는 떨어지고 마니,
이 세상에 영원한 것은 하나도 없다.
오늘 이 시간도 다시는 오지 않는다.
이 순간을 즐겁게 만끽하자.
영웅호걸, 절세가인도 세월 따라 덧없이 가는데,
우리에게 그 무엇이 안타깝게 미련이 남는 것이 있을까?
영국의 한 신문사에서 국토 끝자락에서 런던까지
가장 빨리 가는 방법에 대해
현상공모를 했던 일이 있었다.
독자들로부터 온 답은 비행기, 기차, 도보 등
여러 가지로 나왔지만 1등으로 당선된 답은
전혀 생각지 못했던 곳에서 나왔다.
그 답은 바로 좋은 친구와 함께 가는 것이었다.
좋은 친구와 함께 가면 아무리 먼 길기라도
재미있고 즐겁게 갈 수 있으니,

지루하지 않다는 의미에서 1등이 되었다고 한다.
친구는 영문자로 Friend로,
그 의미는 다음과 같이 풀 수 있다.
Free: 자유로울 수 있고,
Remember: 기억에 남으며,
Idea: 생각할 수 있으며,
Enjoy: 같이 있으면 즐겁다는 것이고,
Need: 필요할 때 옆에 있어 주고,
Depend: 힘들 때 의지가 될 수 있는
고귀한 존재라는 것이다.
누구나 그러하듯이 세월이 갈수록 곁에 있는
사람들이 하나둘씩 떠나가고,
남은 사람들마저 세상과 격리되어 외로워지기 마련이다.
이별이 점점 많아져 가는 고달픈 인생길에서,
서로 안부라도 전하고,
마음을 같이 나누는 동행자를 만들어
쓸쓸하지 않은 나날들이 되시길 바란다.
경우들이여! 세월 앞에 누구도 예외는 없다.
하루하루를 친구들과
즐겁고 보람 있는 시간으로 보내시고,
열정과 취미를 살려 움직일 수 있을 때
긍정적인 마음으로, 웃음으로, 감사하며 살아가자!

팔순, 산수의 축시 2019.11.23.(석용)

농촌환경 보릿고개 시절도 넘어보고 했는데
어느덧 팔순이어라
삼 형제 삼 자매 육 남매 중 넷째로다
위아래 바라보며 내길 따라 손발을 더없이 움직였노라!

슬하에 일남일녀 믿음의 꽃으로 성장시키고
주일성수 기본으로 외길인생 걸어왔는데
어느덧 황혼의 봉오리 팔순의 꽃을 피웠어라!

형제자매 바른 인생 십자가의 정신 담고
내 마음 위로받으며 희로애락 조아려 볼 때
형제자매 마음 상할세라 머리 숙여 당기면서
먹구름도 헤쳐 가며 사랑으로 잠재웠어라!

산다는 것은 희망의 뿌리 인생의 꿈이로다
주님의 은혜로 소명자의 뜻을 감당하며
믿음 소망 사랑으로 그 사명 감당하겠노라
내 인생 더없이 기쁨이요 감사로다
우리들 형제자매 삶 가운데 한 줄기
빛으로 끊임없이 영원하리 영원하리로다 아멘

평화통일의 꽃

한반도 대지 위에 봄은 찾아 왔는데!
눈 비벼 바라보니 뿌옇게 물 들은 하늘
먹구름 한겨울에 얼어붙은 한반도의 대지여
무엇으로 녹여지고 밝아지기를 고대하는지

마음껏 부르짖어 따스한 사랑의 온기로
우리 한번 연합하여 인류문화 바르게 고쳐잡고
만물이 소생토록 싹틔우는 봄날 맞이하여
그 바람 훈풍으로 일궈가며 꽃을 피우세

또다시 화사한 봄은 왔으니 이렇게도 반가운가
아름다운 금수강산 한반도가 꽃을 피워
인류가 소망하는 평화의 꽃을
우리 함께 진정한 사랑 속에 평화통일의 봄은 왔어라!

포도나무학교
쥬빌리오케스트라
흑석중앙교회

주님의 들꽃 되고 싶습니다

당신을 사모하는 생각으로
더욱더 가까이함을 알면서
가까이 다가서지 못하고
주님의 발자국을 따라야 함을 알면서
따르지 못하는 이 마음 어찌하면 좋을까!

지금은 어디쯤 와 있는 것인가
바람결에 실려 당신 곁에 머물고 싶어라
차라리 이름 없는 들꽃처럼 흔들린 모습 이대로
바람에 나부껴서 내 가슴 안뜰에 주님을 모시고
사랑하며 피고 지는 주님의 들꽃 되고 싶습니다

4부

서울의 한강수는 흐르는데

오천 년 역사 속에 유유히 흘러만 가는 한강수이어라!
북한강과 남한강이 서로 만난 두물머리 합쳐지니
서울의 한강으로 발원지가 되었어라
온갖 것을 받아가며 오늘도 끊임없이 흘러만 간다

우리 모두 같은 민족 조선의 역사여
어이해서 나라 잃고 36년 일제하에 허리 굽힌
삶의 현장은 2차대전 종식으로 해방되고 기뻤으나
이념 대결 6.25전쟁으로 분단의 80년 지나도록
가슴은 아픔만이 조아려지는구나!

38선이 웬말인가 하루속히 풀어져라
말씀이여 솟아나라 벗어나자
두물머리 흘러내려 서울의 한강으로 명명된 듯
남북한의 이념 털고 하나님의 통치국가 자유로운
대한민국으로 서울의 한강이 유유히 흐르듯이
우리들 남북한의 같은 민족 합치되어

자주 통일 이룩하고 세계만방 외쳐대며
3차대전 막아내고 대한민국 선진대국
한강수 흐름같이 평화롭게 흘러만 가서
태평양과 대서양을 채워지니 74년 분단의
아픈 피가 평화를 갈망하는 눈물이 아니런가
이 자연의 모든 장관은 하나님의
섭리 속에 은혜로 평화통일 바라본다.

물처럼 사는 것이 현명한 삶이다

우리가 인생을 살아가는데 최상의 방법은 물처럼 살아가는 것이라고 노자는 역설하였다. 무서운 힘을 가지고 있으면서도 겸손하고 부드러운 표정으로 흐르는 물, 그 물의 진리를 배우라는 것이다.

첫째, 물은 유연하다. 물은 네모진 곳에 담으면 네모진 모양이 되고 세모진 곳에 담으면 세모진 모양이 된다. 이처럼 물은 어느 상황에서나 본질을 변치 않으면서 순응한다.

둘째, 물은 무서운 힘을 갖고 있다.
물은 평상시에는 골이진 곳을 따라 흐르며 벼 이삭을 키우고 목마른 사슴의 갈증을 풀어준다. 그러나 한번 용트림하면은 바위를 부수고 산을 무너뜨린다.

셋째, 물은 항상 낮은 곳으로만 흐른다.
낮은 곳으로 흐르다가 물이 마침내 도달하는 곳은 드넓은 바다이다. 사람도 이 물과 같이 모나지 않고 유연하게 다양한 사람을 너그럽게 포용하고 정의 앞에 주저하지 말고 용기 있게 대처하며 벼가 고개를 숙이는 것처럼 겸손하게 자기 자신을 낮추는 현명한 삶을 살아야 한다.

骆驼骑象

부딪치는 인생사(人生事)

망망대해 바다 물결 바람 타고 올라오니
그 소리가 일깨우며 해변육지 다가오면
깨알 같은 은색 모래 솟구쳐서 나온 바위들
그에 덮쳐 부딪치는 파도소리 들려온다

대지 위에 곳곳마다 우뚝 솟은 산봉우리
사계절의 바람 타고 부딪치는 자연 속에
눈과 우박 소낙비가 계절 따라 내리다가
세찬 바람 잠잠한데 미세먼지 웬말인가

너도나도 서로서로 부딪치는 인생사라
세계 속의 정상들이여 천지창조 원리 따라
바르게 부딪쳐서 정직과 진리 속에 사랑으로 열매 맺고
분단의 대한민국 평화통일 이룩하여 사랑으로 살아가세

또 한 해를 보내는 마음

또 한 해를 보내는 마음 소망 가운데는
내가 채우려는 욕망보다는 함께 가고자 배려함이
이 일 저 일 조심스레 생각하며
어느덧 내 나이 90 인생 돌이켜서 그려본다

뜨는 해가 아름답고 힘차게 보이지만
노년으로 지는 해를 우아(優雅)하게 가꾸려 한다
나뭇잎 떨어져 굴러가듯 아쉬움을 그려보며
계절에 변화 따라 세월도 흘러만 가니
삶의 가치를 어디에 두고 또 새해를 맞이할 것인지
너나없이 모두는 복 빌어 바라보는데
나 자신 상처와 증오 속에 남은 것 있다면
모두 다 싸잡아 낙엽 따라 보내리라!

우리 모두 함께하며 밝은 빛을 보이소서
너와 내가 함께하는 기쁨으로 나눔으로
서로가 힘이 되어 아름다운 꽃을 피어나게 하며
남은여생 즐겁고 기쁘게 건강과 행복으로

보고 싶은 대상으로 새해를 맞이하는
마음도 함께하여 오늘도 감사하며
또 한 해를 보내게 된다

하루의 시작

어둠 속에 잠겼던 눈을 떠 보니
새날 아침 밝은 빛의 신선함이 창문으로 들어온다
밤은 지나가고 낮이 반갑게 문을 열었다
죽음에서 생명으로 절망에서 희망으로
새로움이 다가선다

오늘도 무엇을 입을까 무엇을 먹을까 무슨 일을 할까
세상 속에 잠기면서 사색해 본다
관계 형성 이웃사랑 건강과 화목의 길섶을 헤쳐 보면서
화목의 진리는 어디에 있는지 확인해 본다

그것은 자연의 섭리 속에 나타나는 모든 것들!
그들과 새로운 소망이 떠오른다.
어둠에서 밝은 빛이 말씀의 방향으로 내려진다
어둠에서 빛으로 밤에서 낮으로 태초의 하루를
열어주신 하나님께 감사하라!

내 삶의 현장에 지혜를 주시고
땀 흘려 일하고 거두게 하시며 기쁨이 충만하여
오늘도 이렇게 감사하면서 하루가 시작된다

자유의 순리대로

우리가 꾸미고 가꾸는 세상 삶이
지구촌의 온 인류가 모두 다르지만
자연은 하늘에 순종하면서
오로지 절기 따라 흘러만 간다

우리네 인생사도 모두 같지 않지만
한마음 한뜻으로 손에 손잡으면서
자연의 순리 따라 함께하는 발길로
서로 돕고 사는 인생 만들어가세

우리가 이제는 손에 손잡고 정겨운 이웃 되어
삼천리 팔도강산에 먹구름 걷어내며
아름답게 용서와 사랑으로 꽃피우면
천지신명 하늘도 우리가 함께하오리

인생열차

즐거우나 괴로우나 현실 따라 달려간다
인간 수명 길다 해도 60~70에서 가던 시절
물질문명 발전되어 오늘날은 상수(100세)시대
너나 나나 잘 살려고 욕심 갖는 인간 생활
누구나가 천수(120세) 향해 달려가려 한다

사계절을 보내는 마음

눈부신 햇살이 얼어붙은 지표를 깨고
새 생명 솟아내는 지기(地氣)가 감도네
따스한 햇살이 우리 몸 녹여주니 가벼운 옷차림
개나리 진달래가 먼저 알고 반겨주네

높아지는 하늘의 흰 구름 나무들 푸르름이
붉은 장미 철쭉꽃이 화사하게 타오르고
아 오월의 푸르름이여 그 모습 싱그러워라

높은 하늘에는 구름들이 창공에 수놓고
산과 들녘 황금빛 오색으로 물들어가고
식물과 과수 열매 맺고 늦장이 게으름 말라진다

대지는 말없이 잠들 때 물기 걷히며
낙엽이 우수수 떨어지면 온갖 동식물이
겨울날 준비하니 흰 눈을 이불 삼고
고요히 잠들어 내일의 꿈을 꾼다
사계절을 보내지는 모습들이
허전한 가슴에 머문다

인간의 마음

가까이 있어도 마음이 없으면 먼 사람
멀리 있어도 마음이 있으면 가까운 사람
사람 사이는 거리가 아니라 마음이라오

마음을 다스리고 아프게 하지 않는 사람
따스한 말만 하고 배려와 위로의 마음
이 마음 가진 사람이 더없이 좋은 사람

아름다운 사람은 욕심 없이 즐기면서
서로를 존중하며 기쁨을 건네주는 마음
언제나 웃음이 이어지는 해맑은 사람

바라보는 눈동자는 맑은 샘물처럼
깨끗하고 따뜻하게 가슴을 안아주며
언제나 그리움을 시원하게 하여 준다

노년의 추억

세월은 변해만 간다
우리네 모습도 뒤따라 변해간다
그곳에 잠기는 우리들 마음
서로가 배려하고 누(累)가 되지 않는
너와 내가 되었으면
뒤돌아서도 언제나 여운(餘韻)이 남는
미소가 머금은 너와 나
언제나 연인처럼 때로는 부부같이
그리움 남겨지는 너와 나의 만남
후회 없이 남겨지고
아름답게 물들도록
노년의 황혼을 추억으로 만든다
그리움에 설레며 너와 나를 위해서

당신과 나의 인연

생각 없이 굴러다니는 구슬이라도
가슴으로 품으면 보석이 될 것이고

흔하고 흔한 물 한 잔도
마음으로 마시면 보약이로다

풀잎 같은 인연도 잡초라 여겨지면
누구든지 뽑아 버릴 것이로다

그러나 잡초를 꽃이라고 하는 사람은
최선을 다해서 가꿀 것입니다

당신과 나의 만남은 꽃잎이 햇살에 웃듯이
나뭇잎들이 바람에 춤을 추듯이

일상생활이 행복하고 기쁨이 된다면
한 떨기 꽃처럼 아름다울 것입니다

오늘도 당신과의 인연의 소중함을
내 가슴에 새기면서 행복한 하루를 바라보며

당신은 세상에서 제일 좋은 사람이라
그래서 나 또한 좋은 사람 되는 것이 아닌가

봄의 계절

봄이 오면 꽃향기 봄바람에 마음이 설렌다.

만물이 소생하는 새싹을 틔우며 활력을 넣어준다. 나는 마음으로 봄의 여행을 떠난다. 화사한 봄빛 아래 세월은 흘러가며 또 온다고 하는데, 나 또한 그곳을 바라보며 봄을 즐겁게 그려본다.

먼저 시골의 산과 들판이다. 골짜기에서 졸졸 내려가는 물소리는 바람과 함께 스쳐 가며, 산새들이 주고받는 지저귐은 여지없이 그 물소리와 함께 흘러만 가니, 그를 보는 나의 마음도 깨끗이 씻기면서 함께 흘러간다.

개나리 진달래가 봄을 앞세우며 노란색, 붉은색 제각기 장관을 이루고 가로수 벚꽃은 눈이 덮인 듯이 꽃잎을 날린다. 시골의 아낙네들은 고운 얼굴

상할세라 수줍어하며 주방에 수건 걸어 뒤집어쓰고 나물 바구니 옆에 끼고 들판으로 나간다.

봄쑥과 냉이 향이 어우러져 신나게 이쪽저쪽 건너뛰면서 나물 캐서 바구니 채우기 분주하다. 나물 바구니 차면 해질세라 급한 걸음으로 집에 도착해서, 나물 씻어 맛 나는 봄 향기 나물 반찬 요리하느라 분주하여라. 온 가족이 둘러앉아 봄나물 반찬으로 잔치를 하니 건강식품으로 봄을 즐긴다.

매화꽃 활짝 피면 짓궂은 바람은 꽃가지를 흔들어 더욱 신나게 하니 견디다 못해서 꽃잎들은 떨어지며 휘날린다. 상춘객들 흥겨운지 자기 앞에 떨어지면 다칠세라 조심하며 아장아장 걸음마 배운다.

매화꽃나무 밑에 햇빛 받은 장독대는, 반짝이는 화사한 봄빛으로 돋보이기만 한다. 도랑물 졸졸 흘러가는 소리에 동면한 개구리가 물속에 뛰어오르고, 개구리가 목욕한 도랑물 흘러 흘러 개울로 이어지며 온 겨울 잠겨있던 수초들이 흔들리며 일어선다. 개울 뚝 이어지는 논밭들은 농사일에 필요한 물꼬를 트는 농부들의 모습은 한 폭의 그림이다. 향수도 깊어 가며 밭에서는 '이랴!' 하고 소를 몰던 농부가 이제는 경운기로 밭을 갈고 있다. 농기구 다루는 모습은 한결 여유가 있어 보이며 양손으로 밭골을 중심 잡아 경운기는 통

통탕탕 소리 맞춰 갈면서 나간다.

들판에 식사는 예전에는 아주머니들이 광주리에 담아온 온갖 반찬과 콩나물국이 제일이었는데 요즘은 간편하고 신속하게 식사는 오토바이 배달로 온 음식으로, 편리한 세상이 되고 말았다.

하늘에서는 비가 내려 땅에 숨어들어 하나의 지하수로, 낮은 곳으로 흘러서 산골짝 도랑물을 이루고 흘러서 개울에서 만나고, 이어지는 흐름 속에 강물에서 또 만나고 또다시 흐름 속에 바다에서 만남을 이룬다. 물은 계속 만나고 높은 데서 낮은 곳으로 흘러만 가니 인간 세상 봄의 계절 속에서 시작이 되는 듯도 싶다.

강물은 인생 삶의 흐름과 같다. 강물은 멈추고 싶고 되돌아가고 싶지만 그렇지 못하고 흘러만 간다. 참으로 그러하다. 우리 인생도 자연의 섭리 속에 그렇게 가야만 한다. 너도 가고 나도 가야만 한다. 저 높은 곳 천국을 향하여 낮은 곳으로 가야만 하는 것을 생각해 보는 봄의 계절인 듯싶다.

내가 겪은 농촌의 사계절

도랑물이 흘러가는 소리와 안개 자욱한 뒷동산에서 소쩍새의 노랫소리가 화음에 맞춰 피곤에 지쳐 잠들었던 농부를 깨운다. 습관처럼 소 외양간에 가서 소와 눈 맞추고 인사를 나눈 뒤, 뒷간에 가서 볼일을 보고 외양간에 돌아와 소를 앞세우고 문밖으로 나가면서 농부의 하루가 시작된다.

봄

봄이면 아지랑이 뒷동산에서부터 피어오르고 만물이 소생하는 새싹들이 움트며 나온다. 나무에는 가지마다 잎 봉오리 내밀고 잔디밭에는 새싹들이 얼굴을 내민다. 뒤뜰 마당가에는 진달래, 개나리, 목련화가 꽃봉오리를 터뜨리면, 참새들 짹짹짹 지저귀며 서두르는 듯 봄맞이를 재촉한다.

농부들은 서둘러 각종 씨앗을 준비하며 우물가에 볍씨를 먼저 담그고 들에는 소를 몰며 밭갈이가 한창이며, 새벽 시간을 이용하여 상추, 쑥갓, 아욱 씨는 텃밭에 먼저 파종하고 들녘 밭에는 참깨, 옥수수, 고추, 감자, 참외, 콩 등을 파종하여 어느 것 하나 빼놓을 수 없이 일손이 바빠진다. 그 와중에서도 쌀농사 되는 못자리 논에 물 대고 볍씨를 파종하게 되면 어느덧 여름 날씨가 성큼 다가온다.

여름

나뭇잎의 새싹이 연두색으로 변하면서 막바지 봄의 향기를 물씬 풍기며 온통 산과 들이 푸르름으로 물들면 여름이 시작된다. 농부들은 잠시나마 논 밭둑 쉼터인 나무 밑에서 둘러앉아 시원한 바람과 논두렁 샘물한 대접을 마시거나 막걸리가 준비되었으면 서로 한 잔씩 마시며 한숨을 돌린다.

무더운 날씨에도 시원한 바람 속에 은은하게 들려오는 쓰르라미 매미 소리가 맴맴… 바람 타고 와서 귓전을 울려대면 어느새 자장가로 변하여 피곤함에 잠시나마 낮잠을 자게 된다. 조금 있으면 파리가 얼굴에 앉거나 콧등과 귓전을 왔다 갔다 하면서 간지럼 태우면 무의식중에 손을 들어 사정없이 후려친다. 날쌘 파리는 어느새 저 멀리 날아가 버리고 다시 잠이 들면 또다시 찾아와 괴롭힌다.

이렇게 거듭되는 동안 잠은 달아나고 파리를 원망하면서 잠에서 깨어날 수밖에 없다. 생각하면 파리는

어서 일어나 일하라고 잠을 깨워 준 것일지도 모른다. 농부는 고맙게 생각하고 일어나서 또다시 밭고랑에 풀을 뽑고 밭매는 일손이 계속 바빠진다.

앞 냇가에 흐르는 물은 갑자기 먹장 같은 구름이 몰려오면 천둥 번개 치는 소낙비를 맞이한다. 이 소나기는 한 번이 아니고 소나기 삼 형제라고 해서 한 번 오고 나면 두세 번 지나가기 때문에 삼 형제라 불렀다고 한다.

이 소낙비를 만나면 시냇물이 갑자기 불어나서 개울가에 가득 차 흐르게 된다. 그러면 물속에 뛰어들어 친구들과 미역감으면 어찌나 시원하고 좋은지 더위는 완전히 없어지고 오히려 추울 정도로 몸이 떨릴 때도 있었다.

지금은 인구증가, 주택증가, 재개발 등으로 그러한 모습은 사라지고 개울물은 오염되어 시원함도 느낄 수가 없다. 그러나 아직도 나는 개울물에서 물살 가르며 살던 민물고기들이

떠오른다.

비 온 뒤에 친구들과 함께 개울물에 가서 맑은 물에서만 볼 수 있는 챙기름챙이, 모래무지, 피라지 등 고기잡이를 나선다. 고기 그물과 바구니를 준비하고, 고기 떼를 몰면서 잡힌 고기는 시냇가 뚝 밑에 솥을 걸어 놓고 매운탕으로 끓여 큰 정자 밑에 둘러앉아 먹었던 철엽놀이는 지금도 잊히지 않고 눈에 선하다.

지금에서 생각하니 이러한 풍경도 옛이야기가 되고 말았다. 해가 지고 나면 땅금이(어둑어둑함) 일어나 길을 잘 분간 못할 때는 항상 같이 가던 소를 앞세우면 소가 알아서 집을 찾아 바로 가곤 했다. 저녁 식사는 앞마당에 모기를 쫓기 위해서 겻불을 해 놓고 그 옆으로 멍석을 펴 놓고 온 식구가 둘러앉아 오이상추 비빔밥을 먹는 것이 최고였다. 후식으로는 옥수수, 감자, 참외였고 보통은 밀가루 수제비에 감자 한두 개로 배를 채우는 것으로 살았다. 저녁 식사가 끝나면 가을의 수확 준비로 새끼를 꼬아 가마니치기(짜기)가 일쑤였다. 나는 피곤함을 참고 한 짝을 치고 나면 밤 열 시가 되어 잠자리에 들고 다음 날 새벽에 일어나 또 다시 하루의 일과가 되풀이되면서 살았다.

무더운 날씨에 친구들과 같이 산기슭으로 등하교를 하다 보면 매미와 여치 소리에 끌려서 매미를 잡아

보려고 가시넝쿨을 헤치며 가다 보면 쐐기란 놈에게 쏘이기가 일쑤고, 한 마리 잡으면 너무 좋아서 쐐기 물린 자리가 아픈 것도 가신 듯하였다. 또한 소낙비가 갑자기 오면 도랑물이 넘치고 개울물이 허리까지 차면 형들이 손잡고 건네주고 했었다.

학교 공부가 끝나면 곧바로 집에 와서 바쁜 농사일을 도와야 했고 숙제는 저녁 시간에 틈을 타서 했으니 이것이 나의 근면생활의 기초적인 훈련의 단련이 되었다.

가을

그렇게도 푸르렀던 나뭇잎은 어느새인가 울긋불긋 붉게 물들어 한 잎 두 잎 떨어지고 온통 산야가 오곡백과로 무르익으면서 황금 물결치는 가을의 들녘을 보여준다. 밭에는 농작물 논에는 익어가는 벼 이삭 어느 것 하나 늦출 수 없이 서리가 내리기 전에 수확해야만 하는 농작물로 가득 차 있다. 그야말로 바쁘게 돌아치는 가을의 들판이다. 왜냐하면, 모두 다 손으로 직접 작업해야 수확이 되었기 때문이다. 지금과 같이 농기구가 없었기에 어쩔 수 없던 실정이었다.

이같이 바쁜 수확이 끝나면 추수한 볏짚으로 지붕을 새로 덮는 초가집 지붕을 덮을 볏짚이 영을 엮어

서 지붕을 덮으면 초가집들이 새 옷을 입는 격이다.

이때쯤 되면 동네 아낙네들은 입동을 중심으로 겨울 양식 반찬을 위해 무, 배추를 씻어 배추김치를 담그느라 차갑게 얼은 손을 호호 불며 분주하였다. 그러면서 벼를 논에서 낫으로 베어 집 마당으로 가져다가 타작을 하고 타작한 벼는 멍석에 펴서 말리느냐고 조석으로 안채 뜰에 쌓아 놓았다가 다시 햇빛이 나면 마당에 내다 널고 하는 수작업이 조석으로 이루어졌다.

물론 지금의 건조방법은 기계화되고 건조도 옥상 같은 곳을 이용도 하지만 그 시절 태양 빛에 건조시켜 찐 쌀의 맛은 더 좋을 수밖에…. 그렇게 바쁜 가을, 기온차이가 차차 심해진다.

겨울

첫눈이 온 것도 모르고 일어나 보면 밤새 내린 박속 같은 흰 눈이 문틈을 환하게 비추면서 겨울맞이 첫눈이 반긴다. 눈이 내린 날에는 농사일에 사용될 새끼 꼬기와 벼 담을 가마니 짜기가 일쑤이고 마을마다 야경꾼을 조직하여 야경(夜警) 활동을 하게 된다. 막대기 방망이를 둘로 마주쳐서 소리 나게 하며 집집마다 돌면서 알리는 방범 활동을 하지만 가끔은 좀도둑도 생긴다. 물론 여름에도 과일밭에 가서 참외나 수박을

한두 개 따다가 함께 나눠 먹었다.

겨울에는 남의 집에 몰래 들어가서 닭을 훔쳐다가 닭볶음탕을 해서 나눠 먹고 다음 날에는 소문이 나서 누구의 짓이라는 것도 알게 되면 마을 어르신들한테 꾸지람을 듣고 용서받기도 하였으며 인심 좋게 이해해 주고 넘어갔던 생각이 난다.

또한, 울타리 밑 양지바른 곳에 참새잡이 덫을 놓고 참새들이 먹이를 찾아와서 앉으면 잡아서 화롯불에 둘러앉아 구워 먹는데, 겨울 추운 날씨에 참새고기 맛은 일품이고 이것이 농촌 겨울 풍경이었다.

갑자기 밤사이에 눈이 많이 내리면 온통 마을 전체가 흰 눈으로 덮이고 이웃 간에 통행도 안 된다. 이럴 때는 하루 종일 넉가래로 눈 치우기 작업을 했으며 지금에 와 생각하니 한시도 마음 편히 쉴 수 없는 농부들에게 고맙게 생각된다.

그래서인지 성서에 보면 '일하지 않으면 먹지도 말라'라고 하였는데 노동이야말로 신선한 것임을 우리에게 알려주고 있다. 그때부터 나는 노동의 가치, 인간의 존엄성과 신은 우리를 사랑하사 자연을 정복하고 다스리도록 한 것을 감사드린다. 자연에 순응하고 그곳에 묻혀서 살아왔던 지난날의 사계절 농촌 생활을 상기해 본다.

노년의 행복 3무(無)

노년에 세 가지가 없어야 행복하다고 했는데 첫째는 고통이 없어야 하고, 둘째는 고독이 없어야 하고, 셋째는 고민이 없어야 한다고 했다.

이 세 가지를 잘 방어하고 살아가는 사람은 거의 없다고 볼 수 있다. 대략 점수로 나눠서 보면 100점 만점에서 90점 인생은 5%쯤 될 것이고 80점은 15%, 70점은 20%, 60점이 30%, 나머지는 50점이라고 40점일 것이다.

60대의 삶을 초로(初老)라고 하지만 질병만 없으면 70까지 노인행세 내지 않고 청년과 같이 행세할 수 있다고 본다. 그러나 70이 넘어가면 여기저기 노인증상이 나타난다고 본다. 대표적으로 질병으로 병원이나 약방을 찾는 일이 많아지고, 고독감과 허무한 마음으로 고향이 그리워져 교회나 산사를 찾아서 가게 되며 동창회나 친구를 생각나게 한다.

자녀들이 있으면 손자들 일로 잔잔한 걱정거리로 살아가지만, 자녀는 없고 가난하면 노년생활은 걱정이 될 수밖에 없다. 그래서 노후에는 고통이 없어야 하고 고

독도 없어야 하며 고민도 없어야 한다고 말하고 있다.

고통엔 육신적 고통과 정신적 고통이 있는데 이러한 고통의 원인에는 육체적인 질병과 생활 속에는 가난이 따른다. 가난도 등급으로 나누면 풍족하지 못한 수준과 궁색한 수준이 있으며, 인간생활에서 생존을 위협하는 수준이 있는데 궁색한 수준 이하에는 고통이 따른다고 볼 수 있다.

젊어서 열심히 일하고 절제하면서 살아왔는데도 뜻밖에 가난이 찾아올 수가 종종 있는 것이다. 그러면 가난과 싸우듯이 살아야 할 경우도 있지만, 하늘에 뜻으로 알고 순응하면서 살아야만 할 경우도 있는 것이다. 그래서 어떠한 운명을 기억하거나 부정하지만 어느 정도의 고통은 약간 불편하다는 정도로 생각하며 살아갈 수 있는 것이다.

정신뿐만 아니라 육신도 건강해야 하는데 70이 넘으면 육체의 고장이 자주 생긴다. 기억력이 상실되고 손발이 저리거나 자유롭지 못하게 되면서 낙상 등 넘어지는 확률이 커진다. 그래서 너나 할 것 없이 70이 넘으면 넘어지지 않도록 주의하는 수밖에 없는 것이다.

또한, 고독을 피하고 친구 간의 대화를 하거나 오락 등 취미가 있어서 삶을 즐길 수 있어야 하고 사회생활을 원만하게 할 수 있도록 인간관계가 좋아야 한다. 인간관

계를 좋게 하려면 남을 배려할 줄 알아야 된다. 여기서 배려라 함은 5덕이라고들 하는데 이것을 보면 양보심, 관용심, 이해심, 인내심과 또한 신의는 함께 생긴다.

그런데 중요한 것은 성질이 원만하고 따뜻하며 돈을 사용할 줄 알고 여기에 예절이 있으면 완벽한 것이라고 할 수 있다. 그러면 부모형제간도 좋아질 수 있고 친척이나 친구 간에도 좋아질 수 있다. 따라서 고독이 없이 인생을 아름답게 살아갈 수 있는 것이다.

그리고 인생에 있어서 고민이 없어야 한다. 고민을 말할 때 고뇌 혹은 번뇌라고도 하며, 수심 혹은 걱정이라고도 한다. 그런데 고민을 두고 산 사람의 그림자라고 하는 것을 볼 때 제정신을 가지고 살아가는 한 고민을 피할 수는 없는 것이다. 그러나 신앙심이 착실하거나 사고방식이 건강한 사람이면 그 고민을 능수능란하게 다스려 나갈 줄 안다. 그러나 그것으로 자기 생활에 지장을 받는 것은 없다고 본다.

문제가 있고 고민이 있으면 전적으로 하나님께 맡기고 그다음 일은 하늘에 뜻으로 알고 무조건 순종하고 감사하면서 살아가야 한다. 인간이 행복하게 살아가야 하는 것은 모두의 소원이기도 하지만 하나님의 뜻으로 알고 매사에 감사함으로 순종하면서 사는 것이 행복한 삶이 되는 것이다.

오늘도 걷는다 감사의 길

2026년 1월 10일 초판 인쇄
2026년 1월 15일 초판 발행

지은이 / 최석산

발행인 / 강병욱

발행처 / 도서출판 교음사

03147 서울 종로구 삼일대로 457 수운회관 1308호
Tel (02) 737-7081, 739-7879 (Fax)
e-mail : gyoeum@daum.net
등록 / 제300-000052호

* 잘못된 책은 교환해 드립니다. 값 15,000원

ISBN 978-89-7814-179-6 03810